Impressum
Verlag: BABADADA GmbH, Nedderfeld 112 , 22529 Hamburg
Geschäftsführer / Verlagsleitung: Harald Hof
Druck: Books on Demand GmbH, In de Tarpen 42, 22848 Norderstedt

Imprint
Publisher: BABADADA GmbH, Nedderfeld 112 , 22529 Hamburg, Germany
Managing Director / Publishing direction: Harald Hof
Print: Books on Demand GmbH, In de Tarpen 42, 22848 Norderstedt, Germany

škola
skola

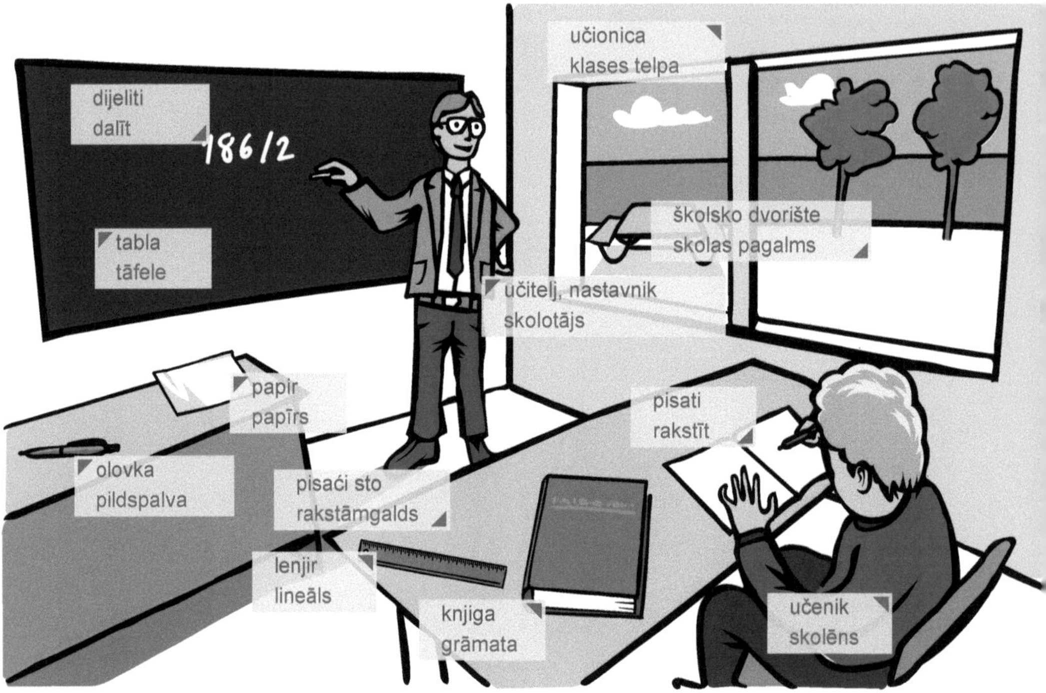

dijeliti
dalīt
186/2
tabla
tāfele
učionica
klases telpa
školsko dvorište
skolas pagalms
učitelj, nastavnik
skolotājs
papir
papīrs
pisati
rakstīt
olovka
pildspalva
pisaći sto
rakstāmgalds
lenjir
lineāls
knjiga
grāmata
učenik
skolēns

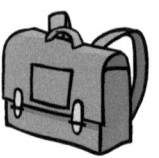

torba
skolas soma

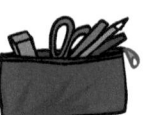

pernica
penālis

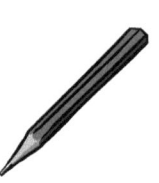

drvena olovka
zīmulis

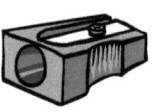

šiljalo za olovke
zīmuļu asināmais

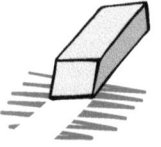

gumica
dzēšgumija

blok za crtanje
zīmēšanas bloks

crtež

zīmējums

kist

ota

kutija s bojama

krāsas

makaze

šķēres

ljepilo

līme

vježbanka

darba burtnīca

domaća zadaća

mājas darbs

broj

skaitlis

sabirati

saskaitīt

oduzimati

atņemt

množiti

reizināt

računati

rēķināt

slovo

burts

abeceda

alfabēts

riječ

vārds

tekst
teksts

čitati
lasīt

kreda
krīts

sat
mācību stunda

školski dnevnik
žurnāls

ispit
eksāmens

svjedočanstvo
liecība

školska uniforma
skolas forma

izobrazba
izglītība

leksikon
enciklopēdija

univerzitet
universitāte

mikroskop
mikroskops

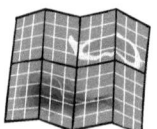

karta
karte

korpa za papir
papīrgrozs

putovanje
ceļojums

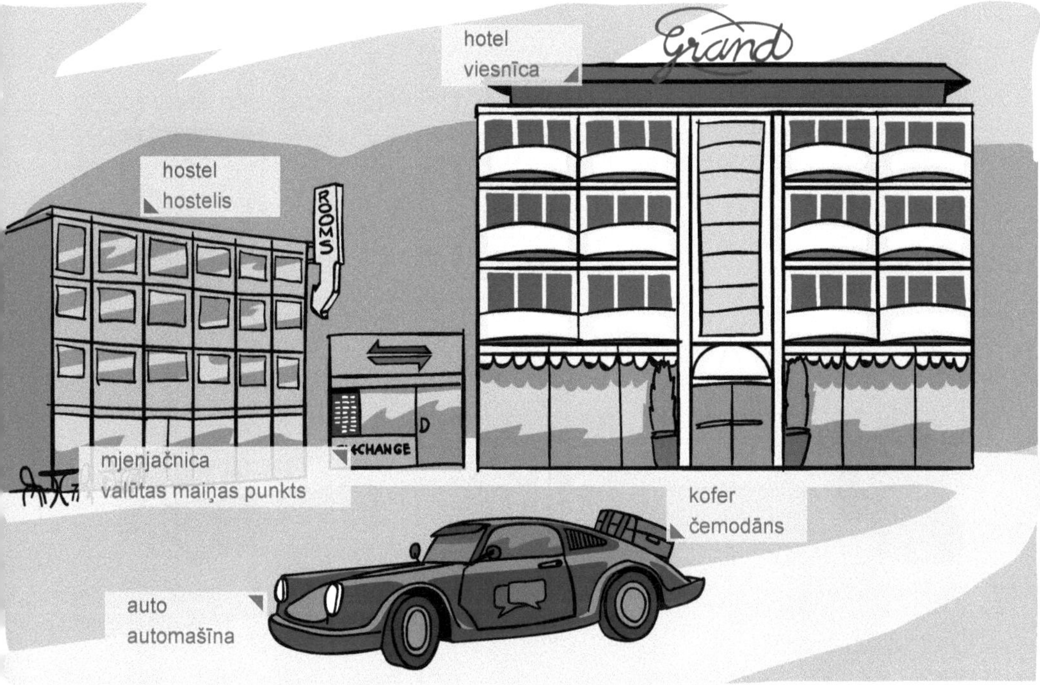
hotel
viesnīca
Grand
hostel
hostelis
ROOMS
EXCHANGE
mjenjačnica
valūtas maiņas punkts
kofer
čemodāns
auto
automašīna

jezik

Valoda

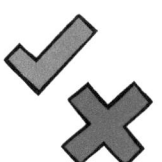

da / ne

jā / nē

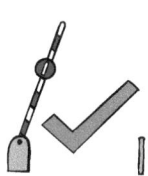

okej

Okay

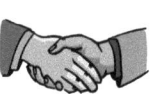

zdravo

Sveiki!

tumač

tulks

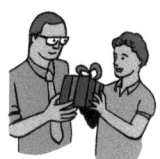

hvala

paldies

Koliko košta...?

Cik maksā...?

Ne razumijem

Es nesaprotu

problem

problēma

dobro veče!

Labvakar!

Dobro jutro!

Labrīt!

Laku noć!

Ar labu nakti!

doviđenja

Uz redzēšanos

smjer

virziens

prtljag

bagāža

torba

soma

ruksak

mugursoma

gost

viesis

soba

istaba

vreća za spavanje

guļammaiss

šator

telts

turistička informacije

tūrisma informācija

plaža

pludmale

kreditna kartica

kredītkarte

doručak

brokastis

ručak

pusdienas

večera

vakariņas

putna karta

biļete

lift

lifts

poštanska markica

pastmarka

granica

robeža

carina

muita

ambasada

vēstniecība

viza

vīza

pasoš

pase

transport
transports

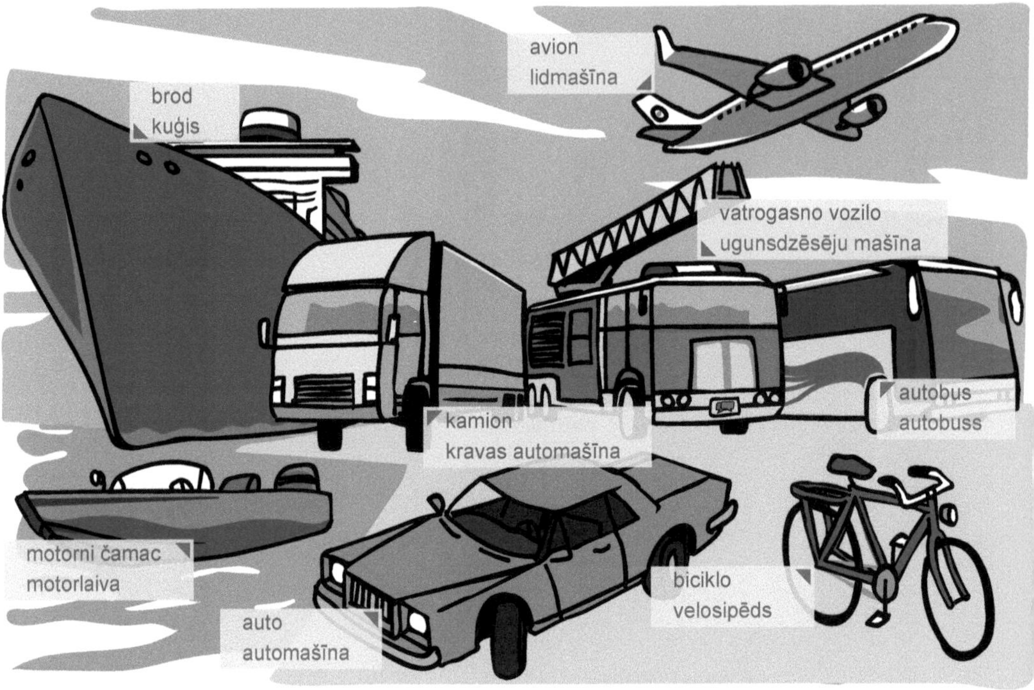
avion
lidmašīna
brod
kuģis
vatrogasno vozilo
ugunsdzēsēju mašīna
autobus
autobuss
kamion
kravas automašīna
motorni čamac
motorlaiva
biciklo
velosipēds
auto
automašīna

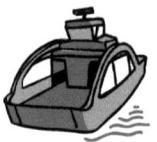

trajekt

prāmis

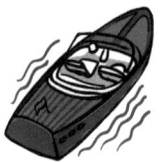

brod

laiva

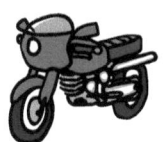

motocikl

motocikls

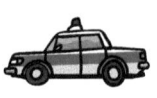

policijski automobil

policijas automašīna

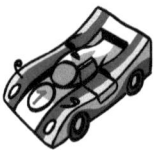

trkaći automobil

sacīkšu automobilis

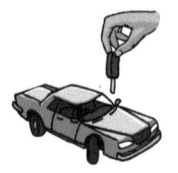

unajmljeni automobil

nomas auto

kar-šering

auto koplietošana

pauk

evakuators

smećarsko vozilo

atkritumu mašīna

motor

dzinējs

gorivo

benzīns

benzinska pumpa

degvielas uzpildes stacija

saobraćajni znak

ceļa zīme

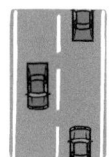

saobraćaj

satiksme

zastoj

sastrēgums

parking

stāvvieta

željeznička stanica

dzelzceļa stacija

šine

sliedes

voz

vilciens

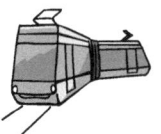

tramvaj

tramvajs

vagon

vagons

helikopter

helikopters

aerodrom

lidosta

toranj

tornis

putnik

pasažieris

kontejner

konteiners

karton

kaste

tačke

ratiņi

korpa

grozs

poletjeti / sletjeti

pacelties / nosēsties

grad

pilsēta

selo

ciems

centar grada

pilsētas centrs

kuća

māja

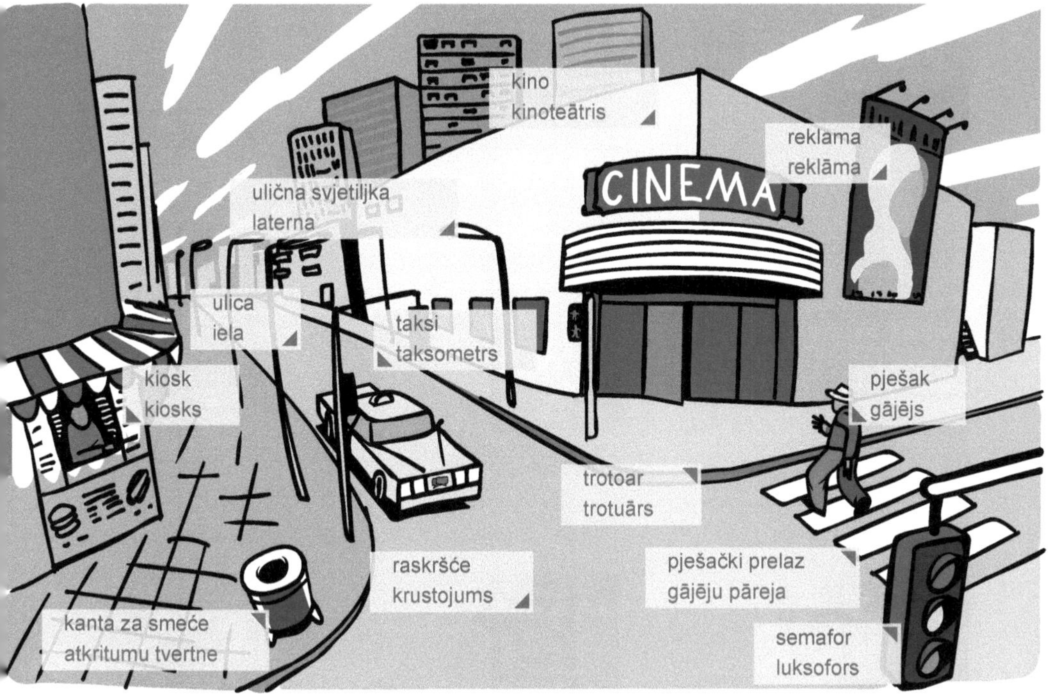

kino
kinoteātris

reklama
reklāma

ulična svjetiljka
laterna

ulica
iela

taksi
taksometrs

CINEMA

pješak
gājējs

kiosk
kiosks

trotoar
trotuārs

raskršće
krustojums

pješački prelaz
gājēju pāreja

kanta za smeće
atkritumu tvertne

semafor
luksofors

koliba
būda

stan
dzīvoklis

željeznička stanica
dzelzceļa stacija

vjećnica
rātsnams

muzej
muzejs

škola
skola

univerzitet

universitāte

banka

banka

bolnica

slimnīca

hotel

viesnīca

apoteka

aptieka

ured

birojs

knjižara

grāmatnīca

radnja

veikals

cvjećara

ziedu veikals

supermarket

lielveikals

pijaca

tirgus

robna kuća

tirdzniecības centrs

prodavač ribe

zivju tirgotājs

trgovački centar

tirdzniecības centrs

luka

osta

park

parks

klupa

sols

most

tilts

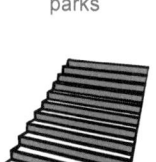

stepenice

kāpnes

podzemna željeznica

metro

tunel

tunelis

autobuska stanica

autobusa pieturvieta

bar

bārs

restoran

restorāns

poštanski sandučić

pastkastīte

saobraćajni znak

ielas nosaukuma plāksne

sat za naplatu parkinga

stāvlaika skaitītājs

zološki vrt

zooloģiskais dārzs

bazen

peldbaseins

džamija

mošeja

seosko imanje

zemnieku saimniecība

zagađenje okoline

vides piesārņojums

groblje

kapsēta

crkva

baznīca

igralište

spēļu laukums

hram

templis

krajolik
ainava

list
lapa

putokaz
ceļrādis

putokaz
ceļš

livada
pļava

kamen
akmens

drvo
koks

putnik
ceļotājs

rijeka
upe

trava
zāle

cvijet
puķe

dolina

ieleja

brdo

kalns

jezero

ezers

šuma

mežs

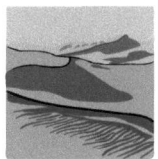

pustinja

tuksnesis

vulkan

vulkāns

dvorac

pils

duga

varavīksne

gljiva

sēne

palma

palma

komarac

moskīts

muha

muša

mrav

skudra

pčela

bite

pauk

zirneklis

buba
vabole

žaba
varde

vjeverica
vāvere

jež
ezis

zec
zaķis

sova
pūce

ptica
putns

labud
gulbis

divlja svinja
meža cūka

jelen
briedis

los
alnis

brana
aizsprosts

vjetrenjača
vēja ģenerators

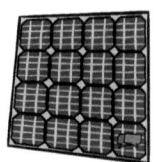

solarni modul
saules baterija

klima
klimats

konobar
viesmīlis

jelovnik
ēdienkarte

stolica
krēsls

supa
zupa

pica
pica

pribor za jelo
galda piederumi

stolnjak
galdauts

predjelo
uzkoda

glavno jelo
pamatēdiens

desert
deserts

piće
dzērieni

jelo
ēdiens

flaša
pudele

brza hrana

ātrās uzkodas

jelo sa ulice

ielu uzkodas

čajnik

tējkanna

šećernica

cukurtrauks

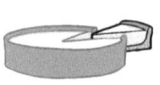

porcija

porcija

mašina za espreso

espresso kafijas automāts

barska stolica

bāra krēsls

račun

rēķins

tacna

paplāte

nož

nazis

viljuška

dakša

kašika

karote

kašičica

tējkarote

salveta

salvete

čaša

glāze

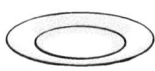

tanjir
škīvis

tanjir za supu
zupas šķīvis

tanjurić
apakštase

sos
mērce

solanik
sāls trauciņš

mlin za biber
piparu dzirnaviņas

sirće
etiķis

ulje
eļļa

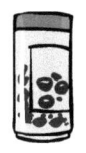

začini
garšvielas

kečap
kečups

senf
sinepes

majoneza
majonēze

supermarket
lielveikals

ponuda
piedāvājums
FOR
klijent
klients
mliječni proizvodi
piena produkti
voće
augļi
kolica za kupovinu
iepirkumu ratiņi

BUTCHERS

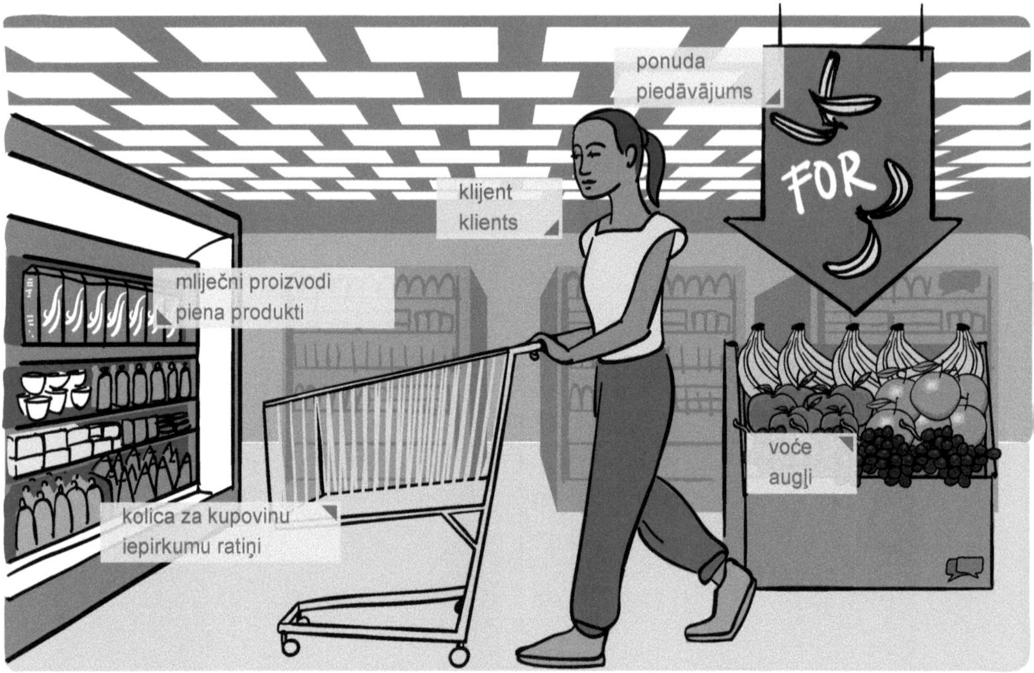

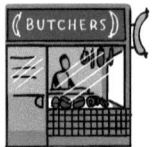

mesnica- klaonica

kautuve

BAKERY

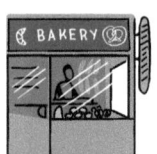

pekara

maizes veikals

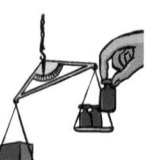

vagati

svērt

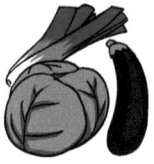

povrće

dārzeņi

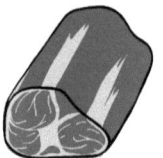

meso

gaļa

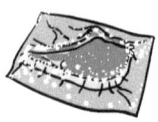

zaleđena hrana

saldēti produkti

narezak

aukstās gaļas uzkodas

konzerve

konservi

prašak za veš

pulveris

slatkiši

saldumi

kućanski proizvodi

mājsaimniecības preces

sredstvo za čišćenje

tīrīšanas līdzeklis

prodavačica

pārdevēja

kasa

kase

blagajnik

kasieris

lista za kupovinu

iepirkumu saraksts

radno vrijeme

darba laiks

novčanik

maks

kreditna kartica

kredītkarte

torba

soma

najlonska vrećica

maisiņš

voda

ūdens

sok

sula

mlijeko

piens

kola

kola

vino

vīns

pivo

alus

alkohol

alkohols

kakao

kakao

čaj

tēja

kafa

kafija

espreso

espresso

kapućino

kapučīno

banana

banāns

jabuka

ābols

narandža

apelsīns

lubenica

melone

limun

citrons

mrkva

burkāns

bijeli luk

ķiploks

bambus

bambuss

crveni luk

sīpols

gljiva

sēne

orašasti plodovi

rieksti

pasta

makaroni

špagete

spageti

riža

rīsi

salata

salāti

pomfrit

frī kartupeļi

pečeni krompir

cepti kartupeļi

pica

pica

hamburger

hamburgers

sendvič

sviestmaize

šnicla

šnicele

šunka

šķiņķis

kobasica

salami

kobasica

desa

kokoš

vista

pečenje

cepetis

riba

zivs

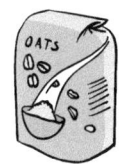

zobene pahuljice

auzu pārslas

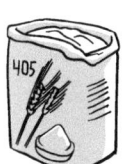

muzli

muslis

kornfleks

brokastu pārslas

brašno

milti

kroason

radziņš

zemičke

brokastu maizītes

kruh

maize

tost

tostermaize

keksi

cepumi

maslac

sviests

svježi sir

biezpiens

kolač

kūka

jaje

ola

jaje na oko

cepta ola

sir

siers

sladoled
saldējums

šećer
cukurs

med
medus

marmelada
marmelāde

nugat krema
riekstu krēms

kuri
karijs

seosko imanje
zemnieku saimniecība

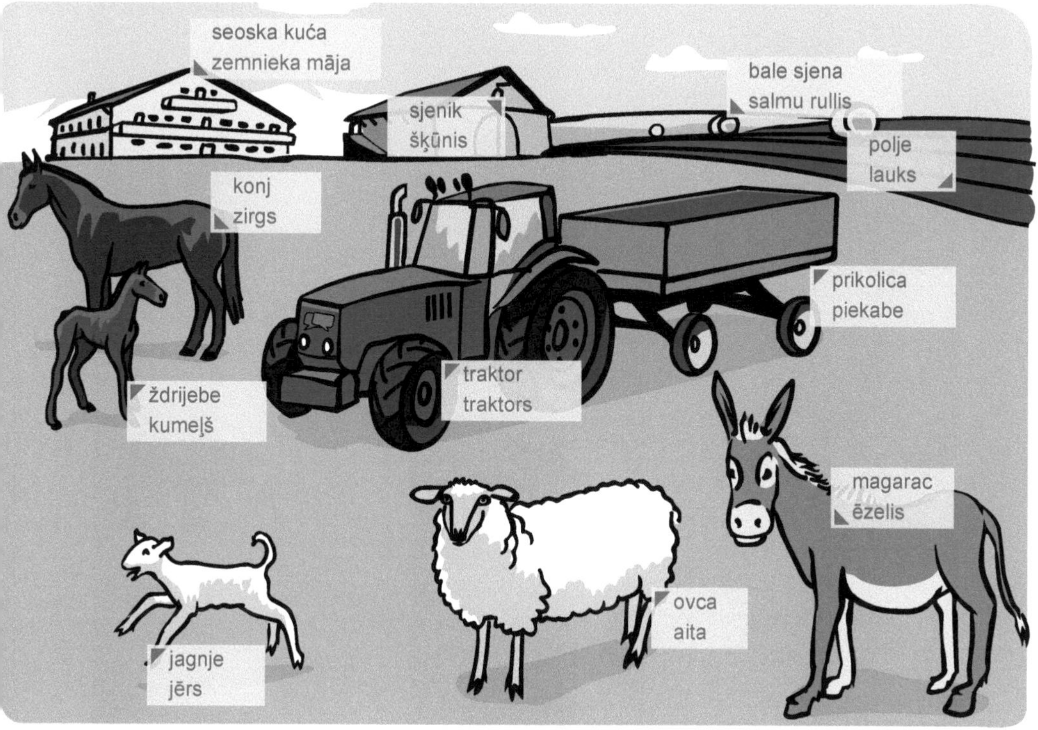
seoska kuća
zemnieka māja
sjenik
šķūnis
bale sjena
salmu rullis
polje
lauks
konj
zirgs
prikolica
piekabe
ždrijebe
kumeļš
traktor
traktors
magarac
ēzelis
ovca
aita
jagnje
jērs

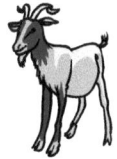

koza
kaza

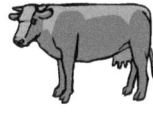

krava
govs

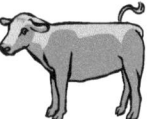

tele
teļš

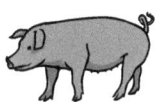

svinja
cūka

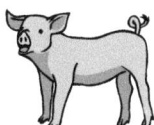

prase
sivēns

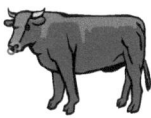

bik
bullis

guska

zoss

patka

pīle

pile

cālis

kokoška

vista

pjetao

gailis

pacov

žurka

mačka

kaķis

miš

pele

vol

vērsis

pas

suns

pseća kućica

suņa būda

crijevo za baštu

dārza šļūtene

kanta za zalijevanje

lejkanna

kosa

izkapts

plug

arkls

srp
sirpis

motika
kaplis

vile
mēslu dakša

sjekira
cirvis

tačke
ķerra

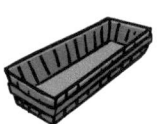

korito
sile

bokal za mlijeko
piena kanna

vreća
maiss

ograda
žogs

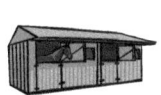

štala
kūts

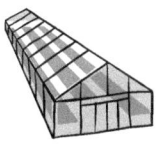

staklenik
siltumnīca

tlo
augsne

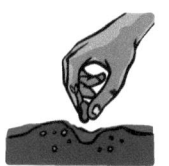

sjeme
sēklas

đubrivo
mēslojums

kombajn
kombains

kositi
....
novākt ražu

žetva
....
raža

jam korijen
....
jamss

pšenica
....
kvieši

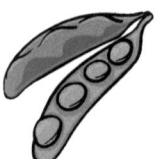

soja
....
soja

krompir
....
kartupelis

kukuruz
....
kukurūza

uljana repica
....
rapsis

drvo voća
....
augļu koks

manioka
....
manioka

žito
....
labība

kuća
māja

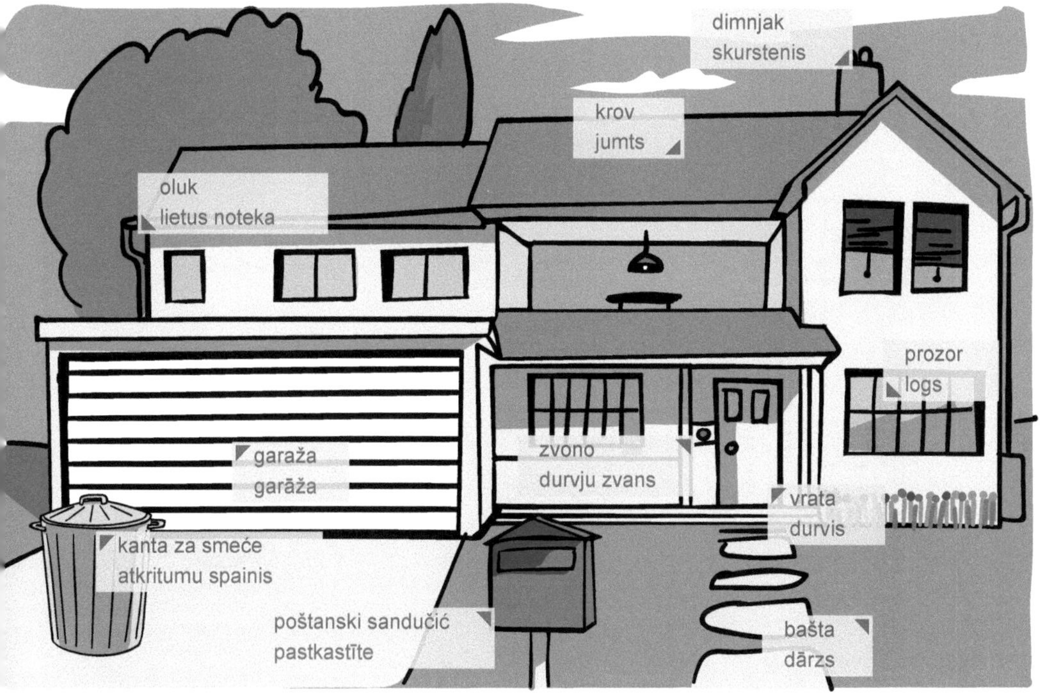

dimnjak
skurstenis
krov
jumts
oluk
lietus noteka
prozor
logs
garaža
garāža
zvono
durvju zvans
vrata
durvis
kanta za smeće
atkritumu spainis
poštanski sandučić
pastkastīte
bašta
dārzs

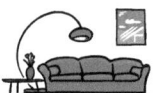

dnevni boravak

viesistaba

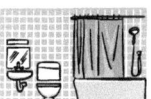

kupatilo

vannas istaba

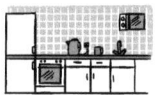

kuhinja

virtuve

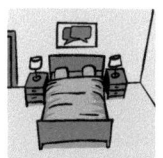

spavaća soba

guļamistaba

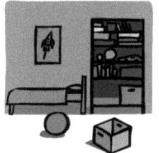

dječija soba

bērnu istaba

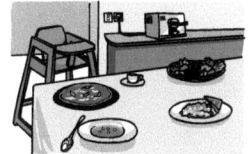

trpezarija

ēdamistaba

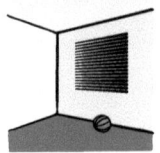

pod, tlo
grīda

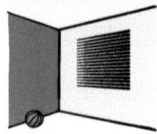

zid
siena

plafon
griesti

podrum
pagrabs

sauna
sauna

balkon
balkons

terasa
terase

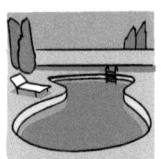

bazen
baseins

kosilica
zāles pļāvējs

posteljina
gultas veļa

pokrivač
sega

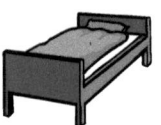

krevet
gulta

metla
slota

kanta
spainis

prekidač
slēdzis

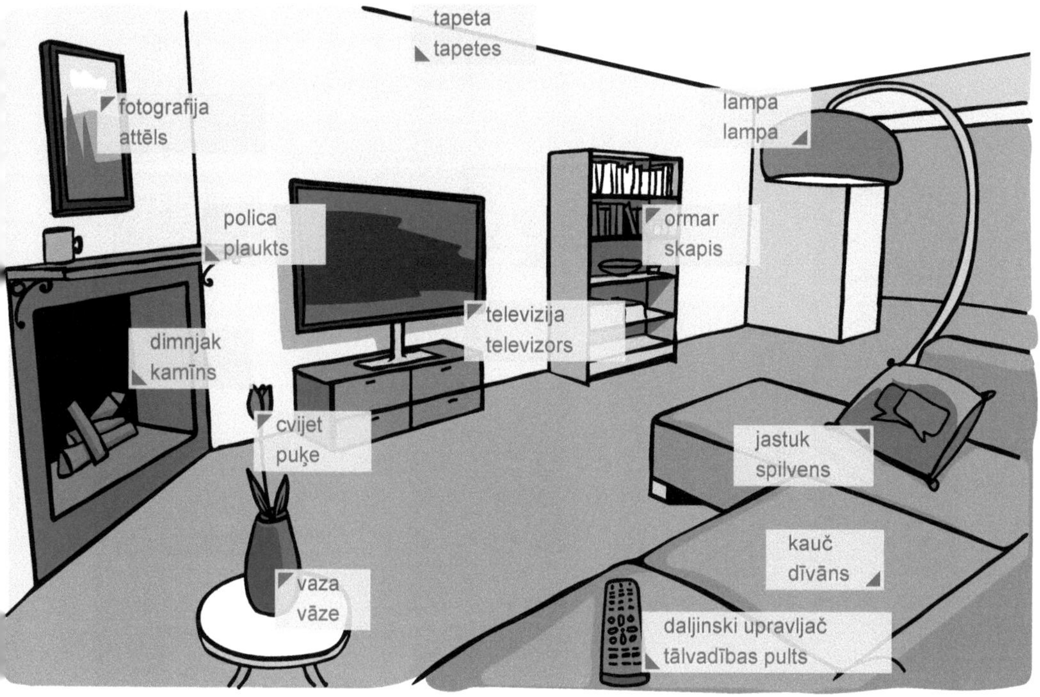

tapeta
tapetes

fotografija
attēls

lampa
lampa

polica
plaukts

ormar
skapis

dimnjak
kamīns

televizija
televizors

cvijet
puķe

jastuk
spilvens

kauč
dīvāns

vaza
vāze

daljinski upravljač
tālvadības pults

tepih
paklājs

zavjesa
aizkars

stol
galds

stolica
krēsls

stolica za ljuljanje
šūpuļkrēsls

fotelja
atpūtas krēsls

knjiga

grāmata

deka

sega

dekoracija

dekorācija

ložno drvo

malka

film

filma

stereo uređaj

mūzikas centrs

ključ

atslēga

novine

avīze

umjetnička slika

glezna

poster

plakāts

radio

radio

blok za bilješke

pierakstu blociņš

usisavač

putekļu sūcējs

kaktus

kaktuss

svijeća

svece

kuhinja
virtuve

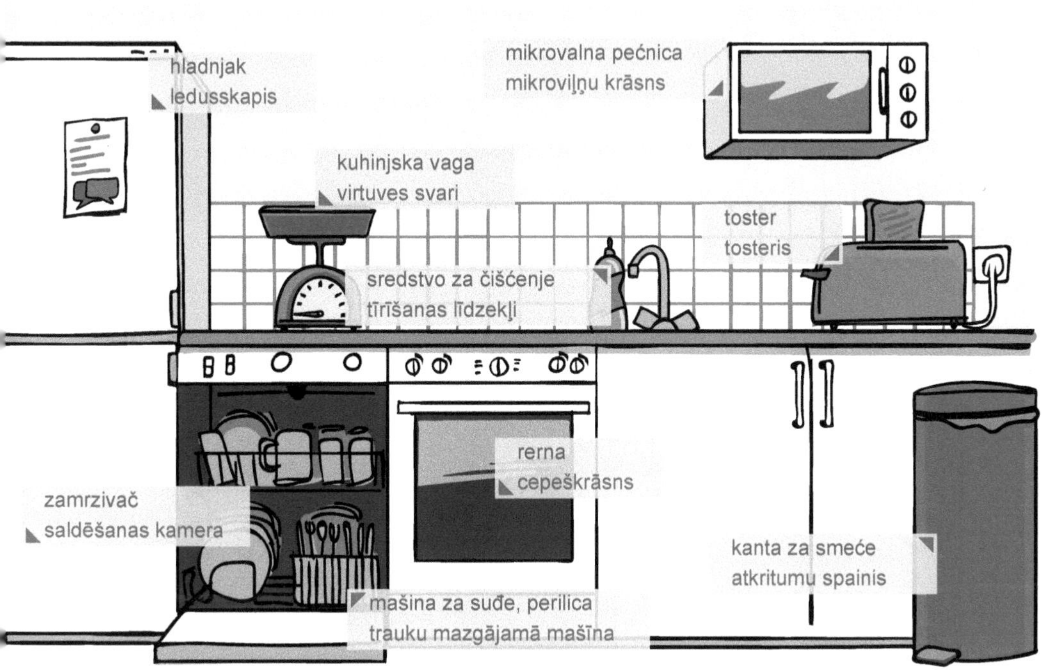

hladnjak
ledusskapis
mikrovalna pećnica
mikroviļņu krāsns
kuhinjska vaga
virtuves svari
toster
tosteris
sredstvo za čišćenje
tīrīšanas līdzekļi
rerna
cepeškrāsns
zamrzivač
saldēšanas kamera
kanta za smeće
atkritumu spainis
mašina za suđe, perilica
trauku mazgājamā mašīna

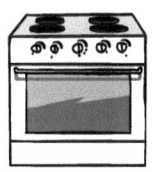

peć

plīts

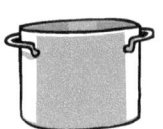

lonac

pods

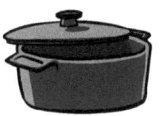

metalni lonac

katls

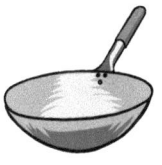

vok / kadai

Wok panna

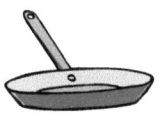

tava, tiganj

panna

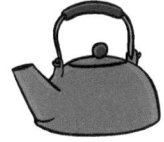

kuhalo

elektriskā tējkanna

aparat za kuhanje na pari

tvaika katls

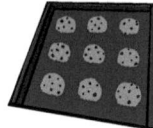

lim za pečenje

cepešpanna

posuđe

trauki

šalica

krūze

činija

bļoda

kineski štapići

irbulīši

kutlača

kauss

lopatica

lāpstiņa

metlica za snijeg bjelanjca

putošanas slotiņa

sito za kuhanje

sietiņš

sito

siets

ribež

rīve

avan s tučkom

piesta

roštilj

grilēt

ložište

atklāts pavards

daska
dēlis

oklagija
mīklas rullis

vadičep
korķu viļķis

konzerva
bundža

otvarač za konzerve
konservu nazis

krpe za lonac
virtuves cimdi

sudoper
izlietne

četka
birste

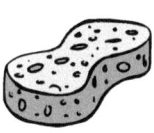

spužva
sūklis

mikser
mikseris

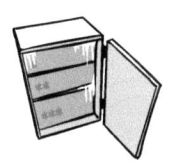

zamrzivač
saldētava

flašica za bebu
bērna pudelīte

slavina
ūdenskrāns

kuhinja - virtuve

kupatilo
vannas istaba

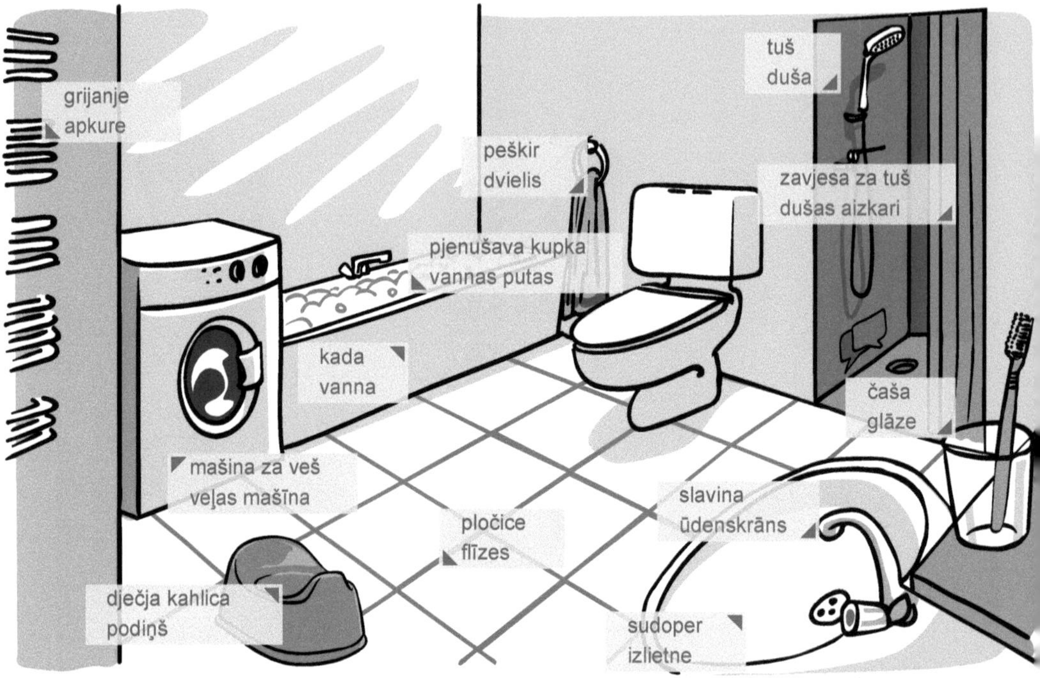
grijanje
apkure
peškir
dvielis
tuš
duša
zavjesa za tuš
dušas aizkari
pjenušava kupka
vannas putas
kada
vanna
čaša
glāze
mašina za veš
veļas mašīna
slavina
ūdenskrāns
pločice
flīzes
dječja kahlica
podiņš
sudoper
izlietne

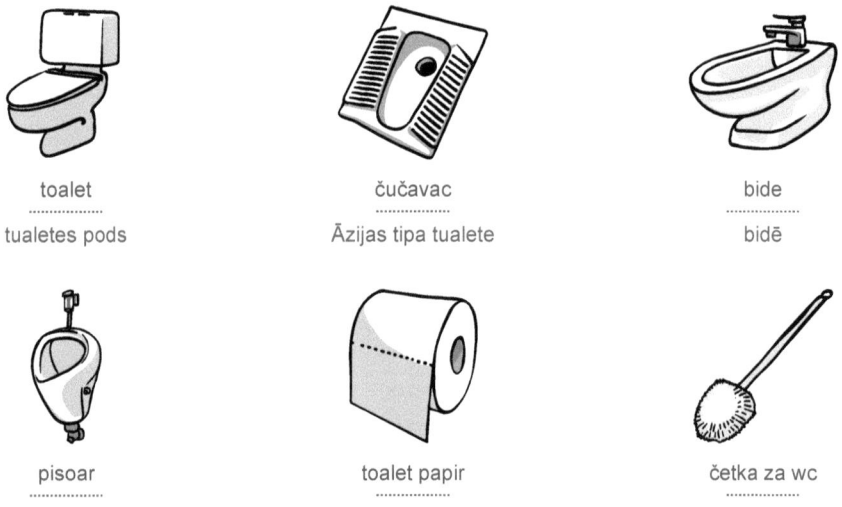

toalet

tualetes pods

čučavac

Āzijas tipa tualete

bide

bidē

pisoar

pisuārs

toalet papir

tualetes papīs

četka za wc

tualetes birste

četkica za zube

zobu birste

pasta za zube

zobu pasta

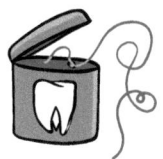

zubni konac

zobu diegs

prati

mazgāt

tuš

rokas duša

intimni tuš

duša

lavor

bļoda

četka za leđa

muguras mazgāšanas birste

sapun

ziepes

gel za tuširanje

dušas želeja

šampon

šampūns

krpe za pranje

mazgāšanas drāna

odvod

noteka

krema

krēms

dezodorans

dezodorants

ogledalo

spogulis

ogledalo za šminkanje

spogulītis

brijač

skuveklis

pjena za brijanje

skūšanās putas

vodica poslije brijanja

losjons pēc skūšanās

češalj

ķemme

četka

matu suka

fen

matu fēns

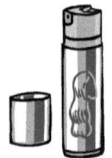

sprej za kosu

matu laka

puder

grima komplekts

karmin

lūpu krāsa

lak za nokte

nagulaka

vata

vate

makazice za nokte

šķērītes

parfem

smaržas

kozmetička torbica

kosmētikas maks

hoklica

ķeblītis

vaga

svari

kupaći ogrtač

halāts

rukavice za čišćenje

tīrīšanas cimdi

tampon

tampons

uložak za dame

pakete

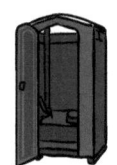

hemijski toalet

ķīmiskā tualete

kupatilo - vannas istaba

dječija soba
bērnu istaba

budilnik
modinātājs
plišana igračka
mīkstā rotaļlieta
auto za igru
spēļu automašīna
zvečka
grabulis
kućica za lutke
leļļu māja
poklon
dāvana

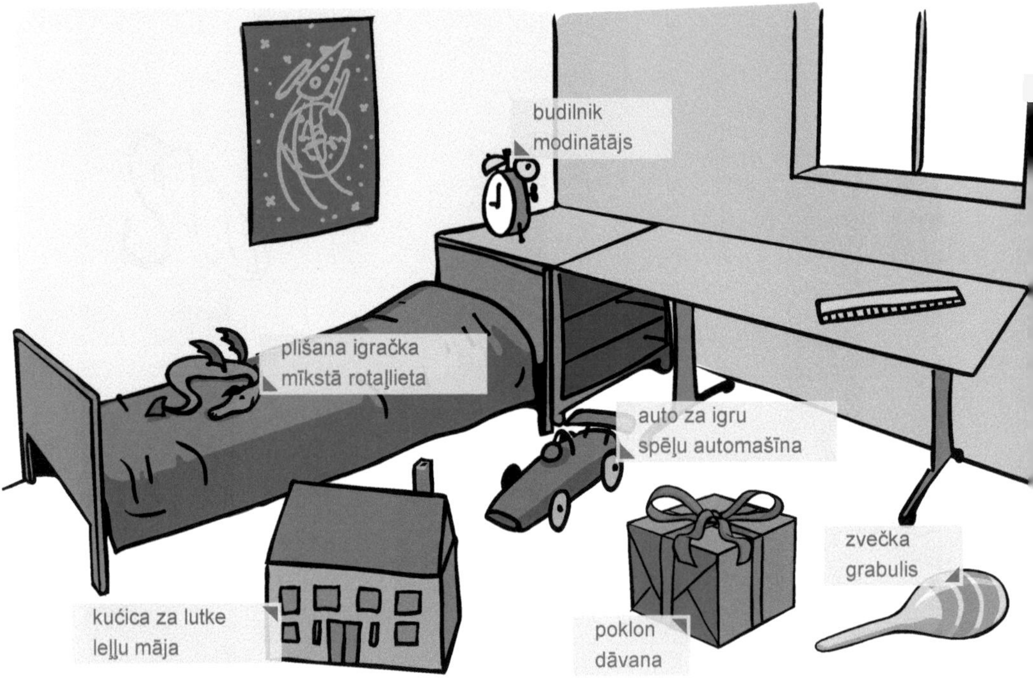

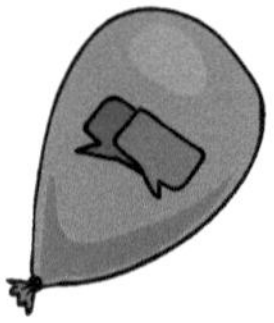

balon

balons

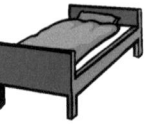

krevet

gulta

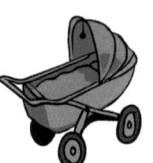

kolica za djecu

bērnu ratiņi

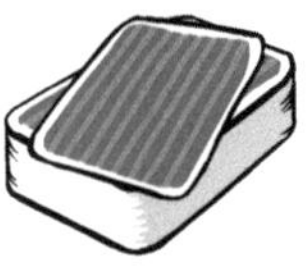

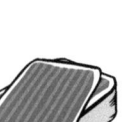

karte za igranje

kārtis

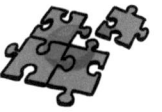

puzle

puzle

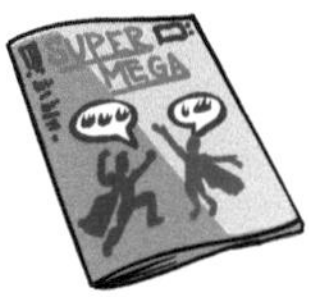

strip

komikss

lego kockice

LEGO klucīši

kockice za gradnju

klucīši

akcione figure

varoņu figūra

benkica

rāpulītis

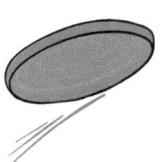

frizbi

lidojošais šķīvītis

mobile

muzikālais karuselis

igra na ploči

galda spēle

kocka

metamais kauliņš

miniatura željeznice

rotaļu dzelzceļš

cucla

māneklis

zabava

ballīte

slikovnica

bilžu grāmata

lopta

bumba

lutka

lelle

igrati

spēlēt

pješćanik

smilšu kaste

ljuljačka

šūpoles

igračke

rotaļlietas

konzola za igru

spēļu konsole

triciklo

trīsritenis

medvjedić

plīša lācītis

ormar

drēbju skapis

odjeća

apģērbs

kratke čarape

īszeķes

čarape

zeķes

hulahopke

zeķbikses

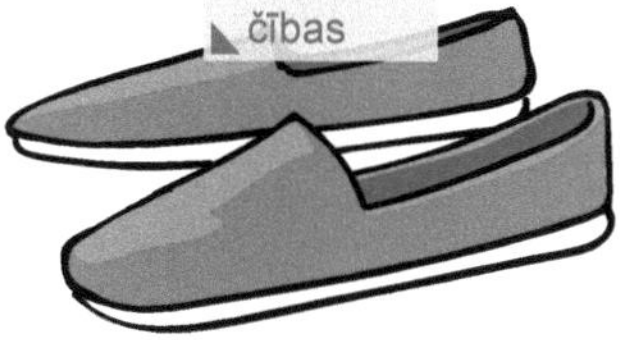

šal
šalle

kaiš
siksna

kišobran
lietussargs

majica kratkih rukava
T-krekls

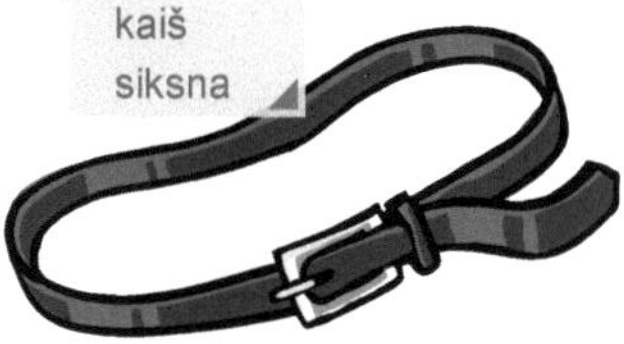

čizme
zābaks

papuče
čības

patike
botas

sandale	cipele	gumene čizme
sandales	kurpes	gumijas zābaki

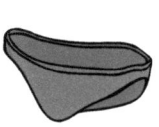

gaće	grudnjak	potkošulja
apakšbikses	krūšturis	apakškrekls

bodi
....
bodijs

hlače
....
bikses

farmerke
....
džinsi

suknja
....
svārki

bluza
....
blūze

košulja
....
krekls

džemper
....
pulovers

majica
....
džemperis

sako
....
žakete

jakna
....
jaka

mantil
....
mētelis

kišni mantil
....
lietus mētelis

kostim
....
kostīms

haljina
....
kleita

vjenčanica
....
kāzu kleita

odijelo

uzvalks

spavaćica

naktskrekls

pidžama

pidžama

sari

sari

marama

lakats

turban

turbāns

burka

burka

kaftan

kaftāns

abaja

abaja

kupaći kostim

peldkostīms

kupaće gaće

peldbikses

kratke hlače

šorti

trenerka

treniņtērps

pregača

priekšauts

rukavice

cimdi

dugme
poga

naočare
brilles

narukvica
rokassprādze

ogrlica
kaklarota

prsten
gredzens

naušnica
auskars

kapa
cepure

vješalica
drēbju pakaramais

šešir
platmale

kravata
kaklasaite

patentni zatvarač
rāvējslēdzējs

kaciga
ķivere

tregeri za hlače
bikšturi

školska uniforma
skolas forma

uniforma
uniforma

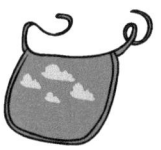

podbradak

priekšautiņš

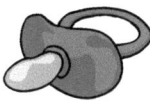

cucla

māneklis

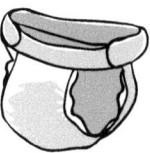

pelene

autiņbiksītes

ured
birojs

server
serveris
ormar za kartoteku
dokumentu skapis
papir
papīrs
štampač
printeris
monitor
monitors
miš
pele
pisaći sto
rakstāmgalds
registrator
dokumentu vāki
tastatura
klaviatūra
korpa za papir
papīrgrozs
kompjuter
dators
stolica
krēsls

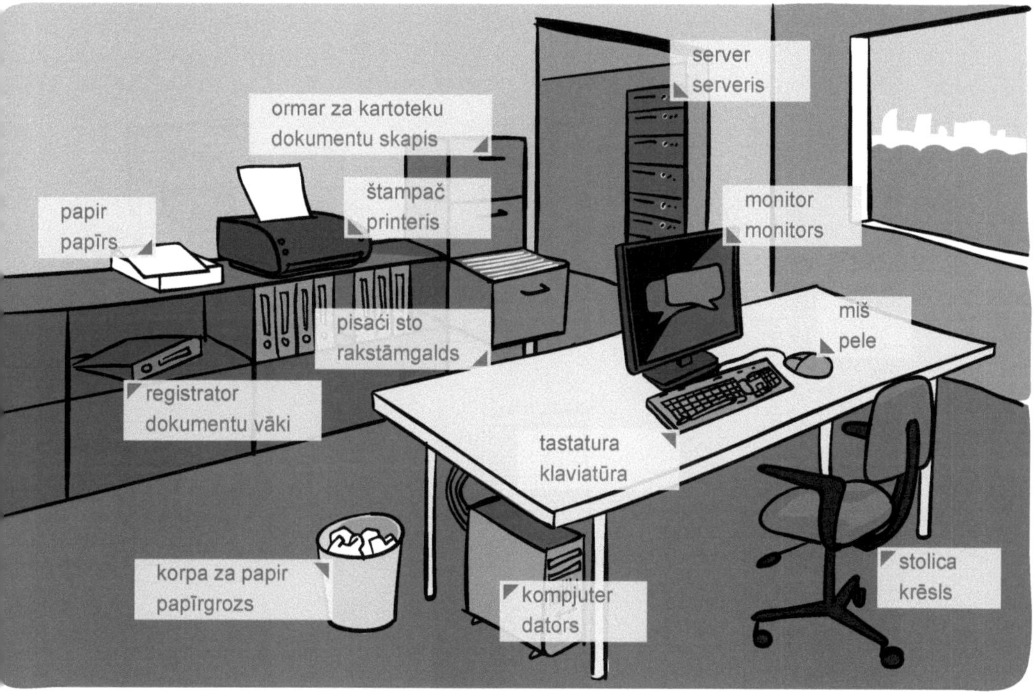

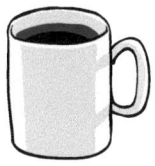

šolja za kafu

kafijas krūze

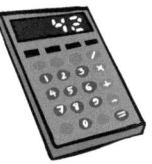

kalkulator

kalkulators

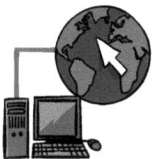

internet

internets

laptop

portatīvais dators

pismo

vēstule

poruka

ziņa

mobilni telefon

mobilais tālrunis

mreža

tīkls

aparat za kopiranje

kopētājs

softver

programmatūra

telefon

telefons

utičnica

rozete

faks

faksa aparāts

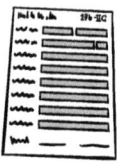

formular

formulārs

dokument

dokuments

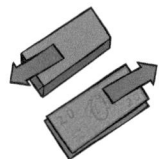

kupovati

pirkt

platiti

samaksāt

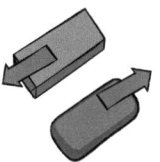

trgovati

tirgot

novac

nauda

dolar

dolārs

euro

eiro

jen

jēna

rublja

rublis

franak

franks

renminbi jen

juaņa renminbi

rupi

rūpija

bankomat

bankomāts

mjenjačnica

valūtas maiņas punkts

zlato

zelts

srebro

sudrabs

nafta

nafta

energija

enerģija

cijena

cena

ugovor

līgums

porez

nodoklis

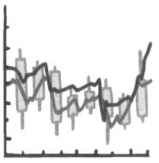

akcija

akcija

raditi

strādāt

službenik

darbinieks

poslodavac

darba devējs

fabrika

fabrika

radnja

veikals

zanimanja
profesijas

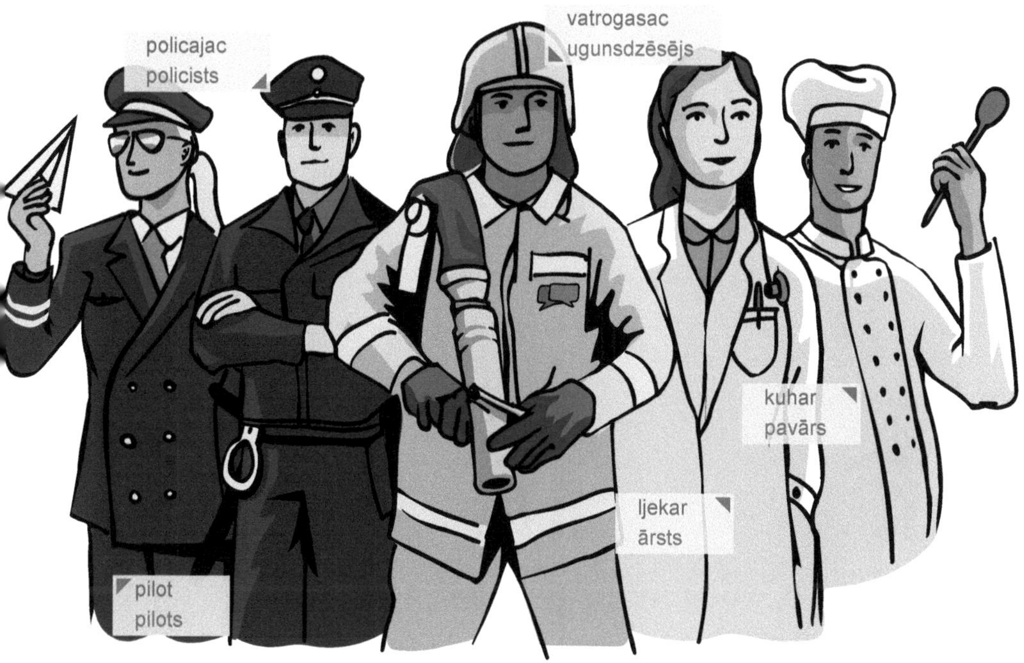
policajac
policists
vatrogasac
ugunsdzēsējs
kuhar
pavārs
ljekar
ārsts
pilot
pilots

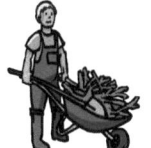

baštovan

dārznieks

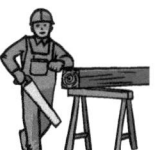

stolar

galdnieks

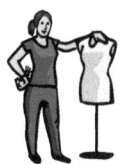

krojačica

šuvēja

sudija

tiesnesis

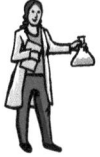

hemičar

ķīmiķis

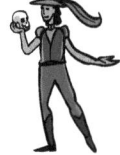

glumac

aktieris

vozač autobusa

autobusa vadītājs

vozač taksija

taksometra vadītājs

ribar

zvejnieks

čistačica

apkopēja

krovopokrivač

jumiķis

konobar

viesmīlis

lovac

mednieks

moler

gleznotājs

pekar

maiznieks

električar

elektriķis

građevinski radnik

celtnieks

inženjer

inženieris

koljač

miesnieks

limar, vodoinstalater

skārdnieks

poštar

pastnieks

vojnik

karavīrs

arhitekta

arhitekts

blagajnik

kasieris

cvjećar

florists

frizer

frizieris

kontrolor

konduktors

mehaničar

mehāniķis

kapiten

kapteinis

zubar

zobārsts

naučnik

zinātnieks

rabin

rabīns

imam

imāms

monah

mūks

sveštenik

mācītājs

alat

instrumenti

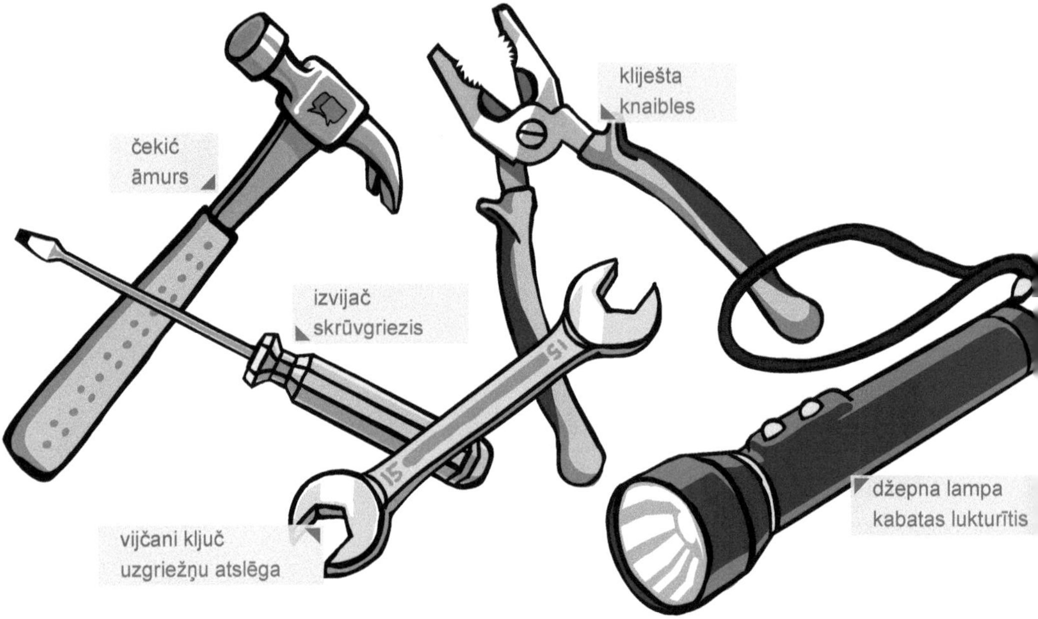

čekić
āmurs
kliješta
knaibles
izvijač
skrūvgriezis
vijčani ključ
uzgriežņu atslēga
džepna lampa
kabatas lukturītis

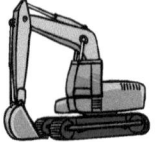

bager

ekskavators

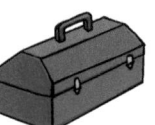

kutija sa alatom

instrumentu kaste

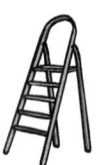

ljestve

kāpnes

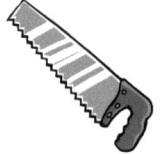

testera, pila

zāģis

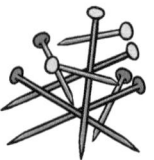

ekser

naglas

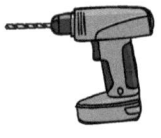

bušilica

urbis

popraviti

remontēt

lopata

lāpsta

sranje!

Velns!

lopatica

liekšķere

kanta boje

krāsas bundža

vijak

skrūves

muzički instrumenti

mūzikas instrumenti

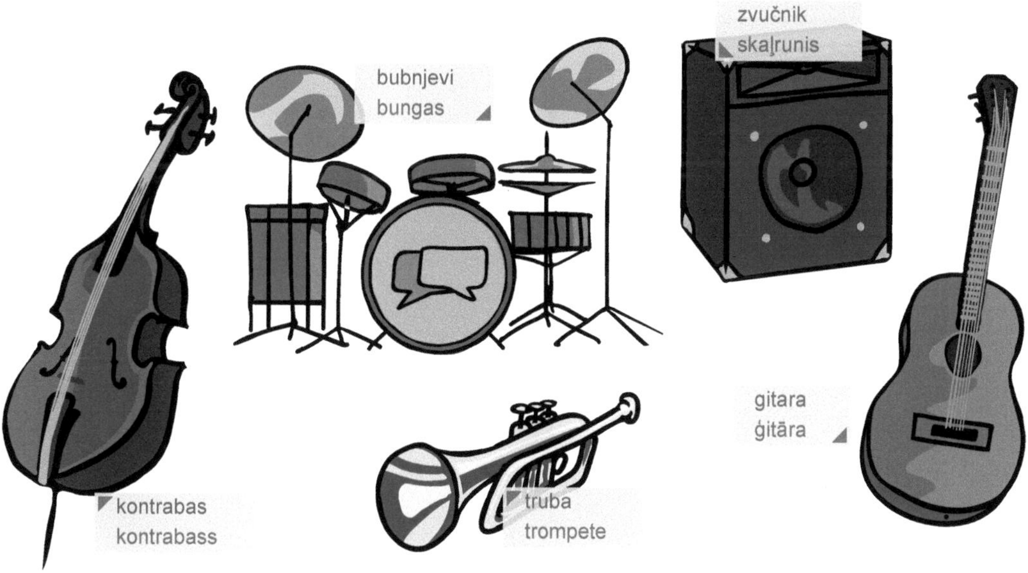

zvučnik
skaļrunis

bubnjevi
bungas

kontrabas
kontrabass

truba
trompete

gitara
ģitāra

klavir

klavieres

violina

vijole

bas

bass

bubanj timpani

timpāni

bubanj

bungas

sintisajzer

digitālās klavieres

saksofon

saksofons

flauta

flauta

mikrofon

mikrofons

zološki vrt
zoološkais dārzs

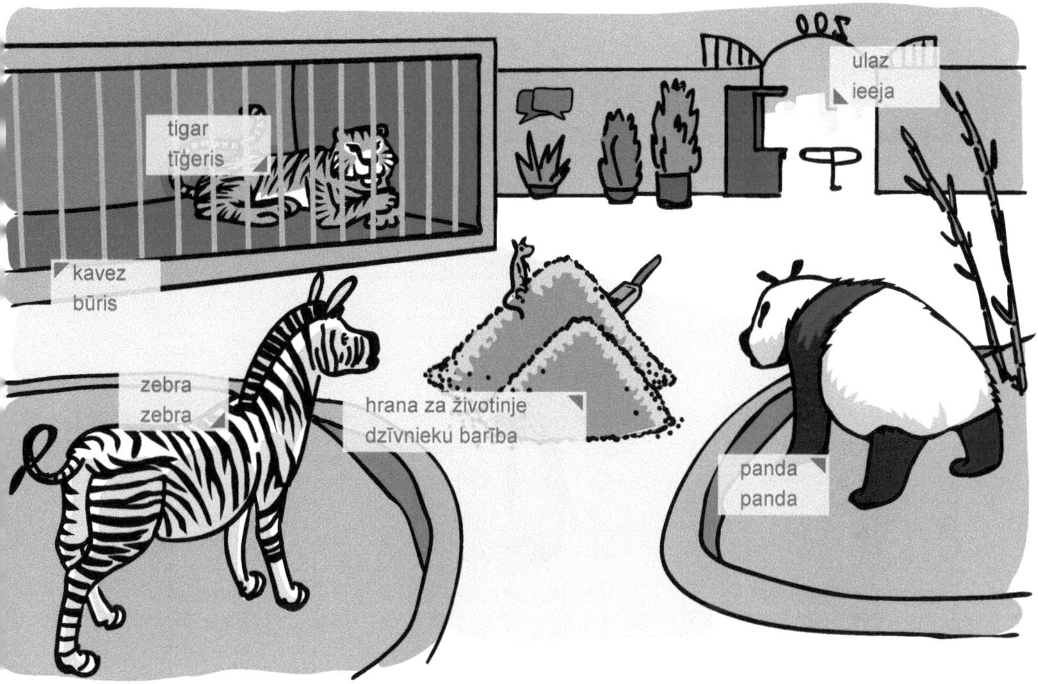

zoo
ulaz
ieeja
tigar
tīģeris
kavez
būris
zebra
zebra
hrana za životinje
dzīvnieku barība
panda
panda

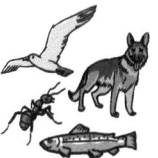

životinje
dzīvnieki

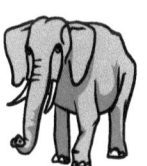

slon
zilonis

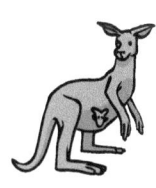

kengur
ķengurs

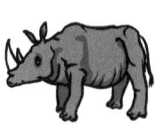

nosorog
degunradzis

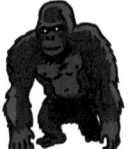

gorila
gorilla

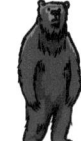

medvjed
lācis

kamila

kamielis

noj

strauss

lav

lauva

majmun

pērtiķis

flamingo

flamings

papagaj

papagailis

polarni medvjed

polārlācis

pingvin

pingvīns

morski pas

haizivs

paun

pāvs

zmija

čūska

krokodil

krokodils

čuvar u zološkom vrtu

zoodārza sargs

tuljan

ronis

jaguar

jaguārs

poni
ponijs

leopard
leopards

nilski konj
nīlzirgs

žirafa
žirafe

orao
ērglis

divlja svinja
meža cūka

riba
zivs

kornjača
bruņurupucis

morž
valzirgs

lisica
lapsa

gazela
gazele

američki fudbal
amerikāņu futbols

vožnja bicikla
riteņbraukšana

tenis
teniss

košarka
basketbols

plivanje
peldēšana

boks
bokss

hokej na ledu
hokejs

fudbal
futbols

bedminton
badmintons

laka atletika
vieglatlētika

rukomet
rokas bumba

skijanje
slēpošana

polo
polo

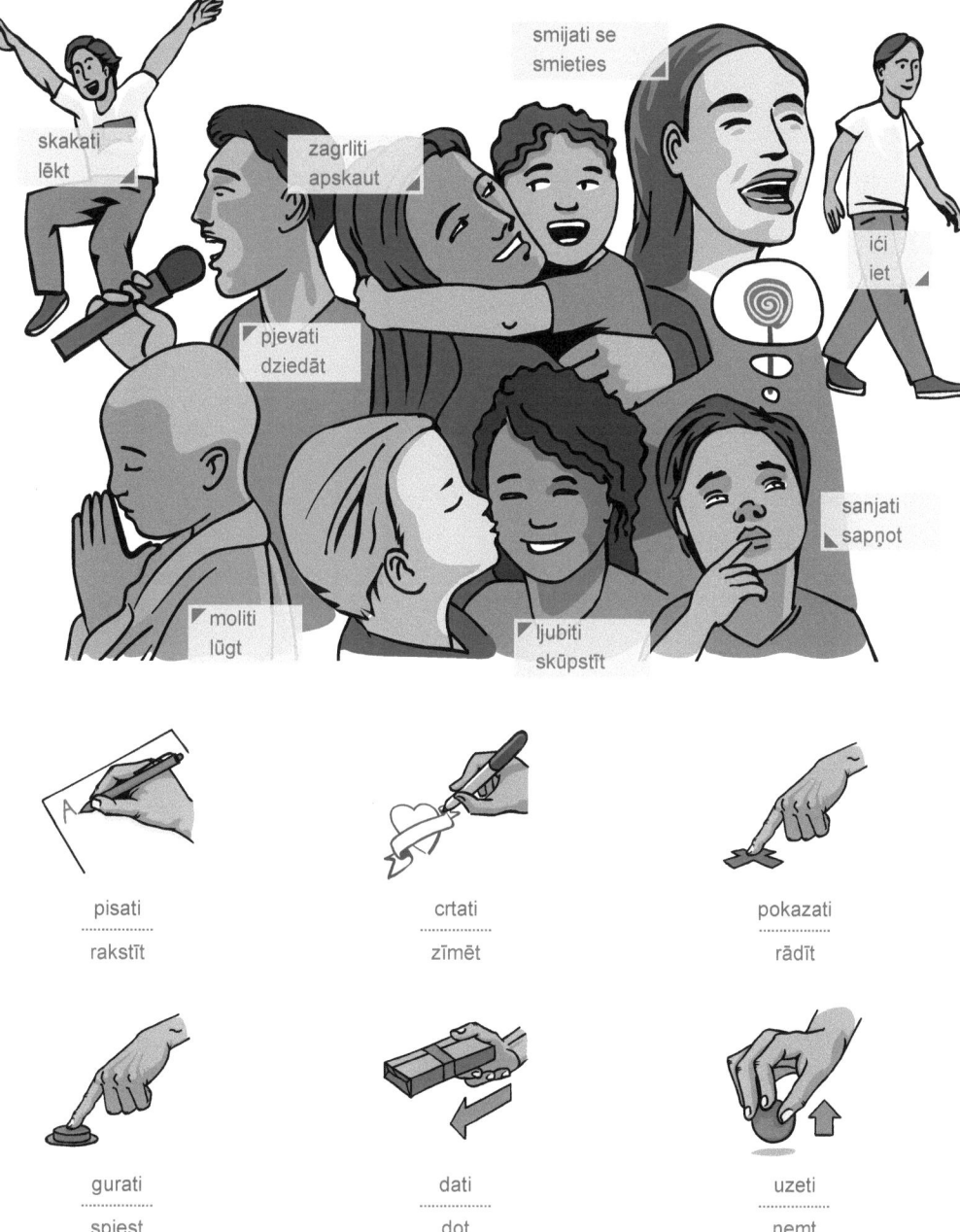

skakati
lēkt

zagrliti
apskaut

smijati se
smieties

ići
iet

pjevati
dziedāt

sanjati
sapņot

moliti
lūgt

ljubiti
skūpstīt

pisati	crtati	pokazati
rakstīt	zīmēt	rādīt
gurati	dati	uzeti
spiest	dot	ņemt

imati
būt

raditi
darīt

biti
būt

stajati
stāvēt

trčati
skriet

vući
vilkt

baciti
mest

pasti
krist

ležati
gulēt

čekati
gaidīt

nositi
nest

sjediti
sēdēt

obući
uzģērbt

spavati
gulēt

probuditi
pamosties

pogledati

skatīties

plakati

raudāt

milovati

glāstīt

češljati

ķemmēt

govoriti

runāt

razumjeti

saprast

pitati

jautāt

slušati

dzirdēt

piti

dzert

jesti

ēst

pospremiti

sakārtot

voljeti

mīlēt

kuhati

vārīt

voziti

braukt

letjeti

lidot

jedriti

burot

računati

rēķināt

čitati

lasīt

učiti

mācīties

raditi

strādāt

vjenčavti

precēties

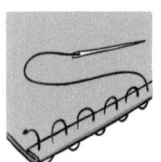

šiti

šūt

prati zube

tīrīt zobus

ubiti

nogalināt

pušiti

smēķēt

slati

sūtīt

porodica
ģimene

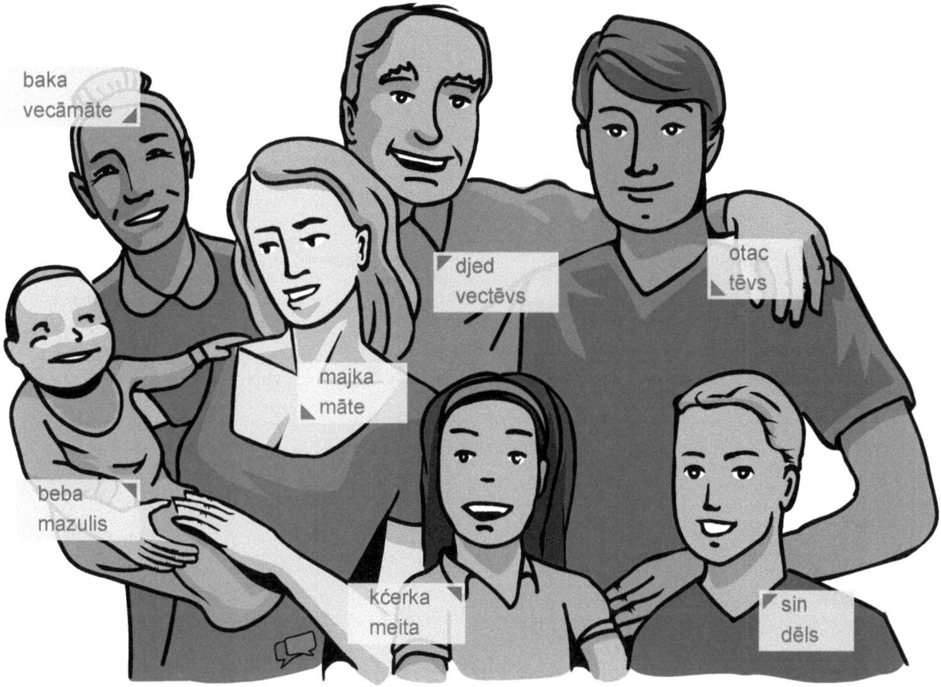
baka
vecāmāte
djed
vectēvs
otac
tēvs
majka
māte
beba
mazulis
kćerka
meita
sin
dēls

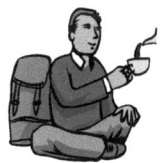

gost
viesis

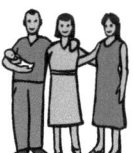

ujna, tetka, strina
tante

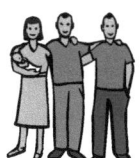

ujak, tetak, stric
onkulis

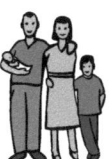

brat
brālis

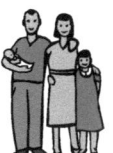

sestra
māsa

tijelo
ķermenis

čelo
piere
oko
acs
leđa
plecs
prst
pirksts
lice
seja
brada
zods
ruka, šaka
roka
grudi
krūtis
noga
kāja
ruka
roka

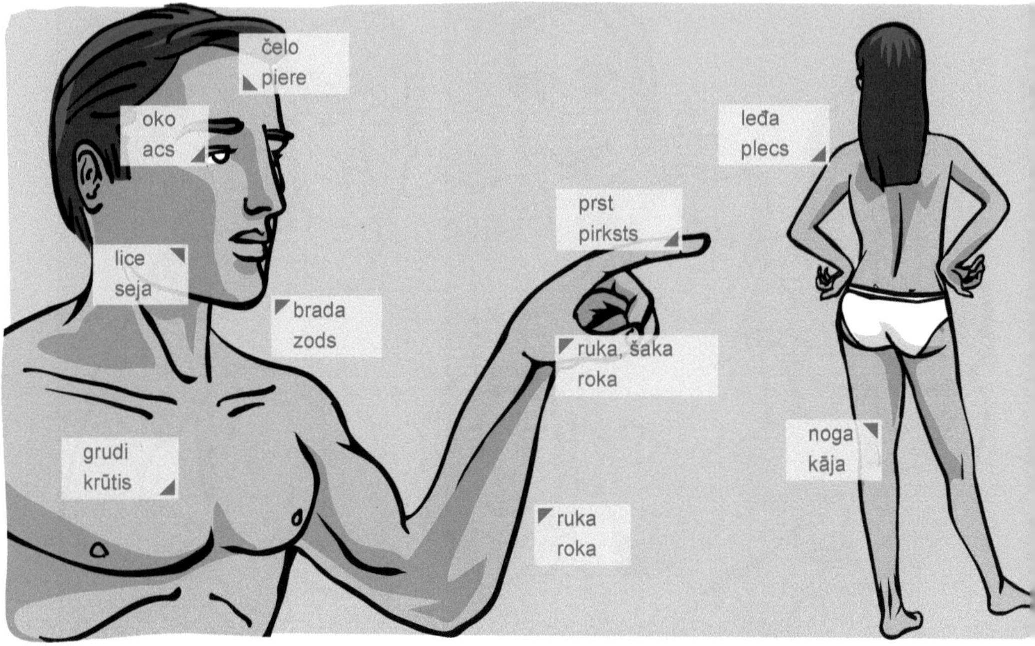

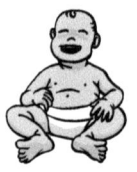

beba
mazulis

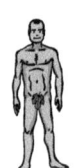

muškarac
vīrietis

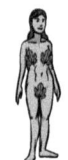

žena
sieviete

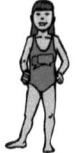

djevojčica
meitene

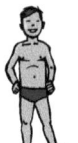

dječak
zēns

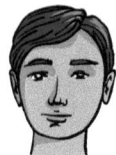

glava
galva

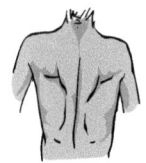

leđa

mugura

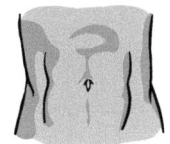

stomak

vēders

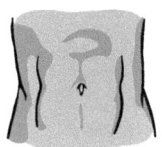

pupak

naba

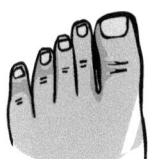

nožni prst

kājas pirksts

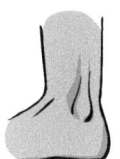

peta

papēdis

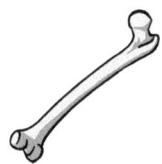

kosti

kauls

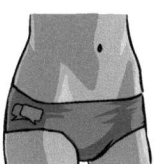

kuk

gurns

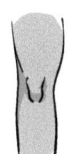

koljeno

celis

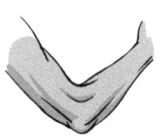

lakat

elkonis

nos

deguns

stražnjica

dibens

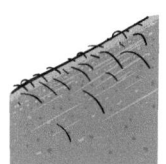

koža

āda

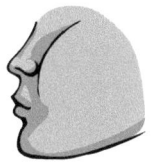

obraz

vaigs

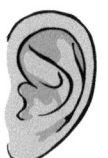

uho

auss

usna

lūpa

usta

mute

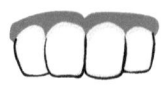

zub

zobs

jezik

mēle

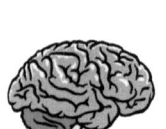

mozak

smadzenes

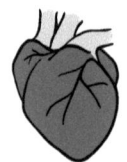

srce

sirds

mišić

muskulis

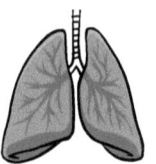

pluća

plaušas

jetra

aknas

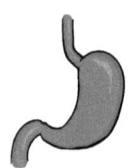

želudac

kuņģis

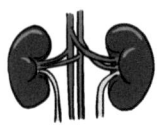

bubreg

nieres

spolni odnos

dzimumakts

kondom

kondoms

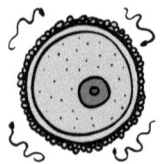

jajna ćelija

olšūna

sperma

sperma

trudnoća

grūtniecība

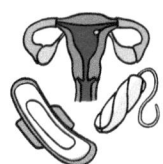

menstruacija
menstruãcijas

vagina
vagīna

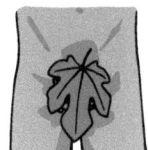

penis
penis

obrva
uzacs

kosa
mati

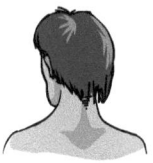

vrat
kakls

bolnica
slimnīca

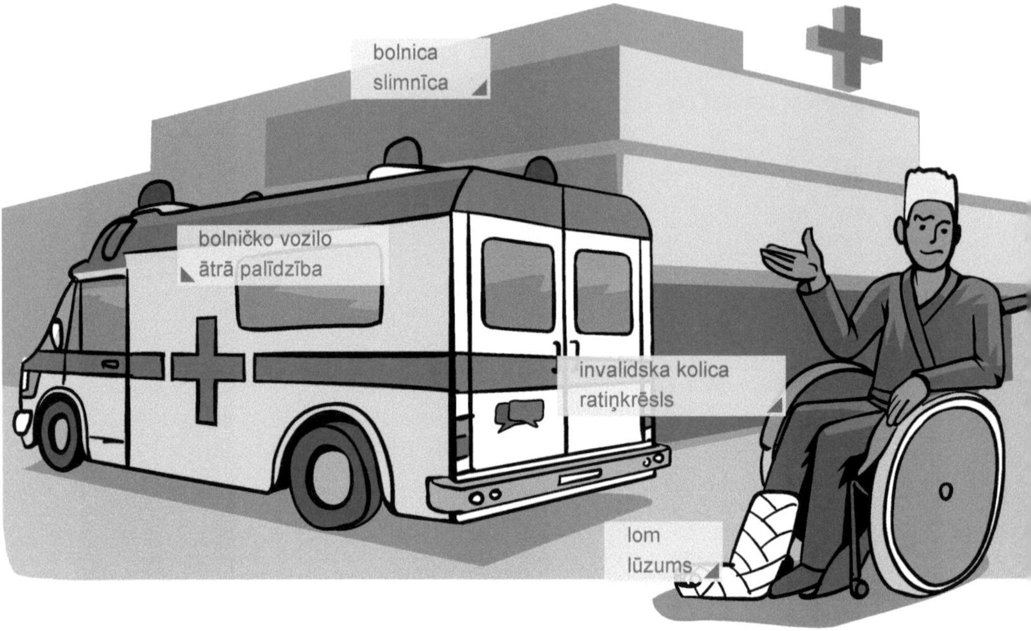

bolnica
slimnīca
bolničko vozilo
ātrā palīdzība
invalidska kolica
ratiņkrēsls
lom
lūzums

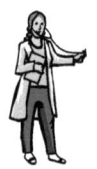

ljekar

ārsts

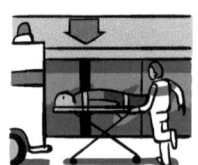

hitna služba

neatliekamās palīdzības nodaļa

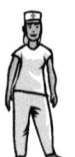

medicinska sestra

medmāsa

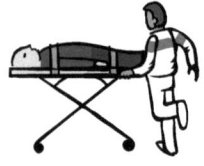

hitna pomoć

ārkārtas gadījums

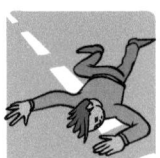

nesvjest

paģībis

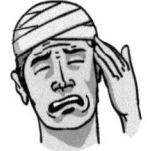

bol

sāpes

povreda
ievainojums

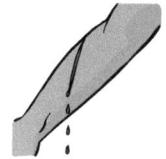

krvarenje
asiņošana

srčani udar, infarkt
sirdslēkme

moždani udar
insults

alergija
alerģija

kašalj
klepus

groznica
temperatūra

gripa
gripa

proljev
caureja

glavobolja
galvassāpes

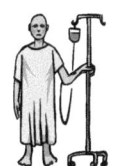

rak
vēzis

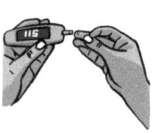

dijabetes
diabēts

hirurg
ķirurgs

skalpel
skalpelis

operacija
operācija

CT

datortomogrāfija

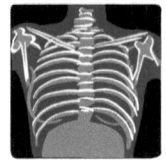

rendgen

rentgents

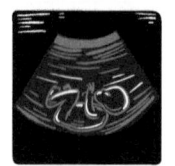

ultrazvuk

ultraskaņa

maska

sejas maska

bolest

slimība

čekaonica

uzgaidāmā telpa

štake

kruķis

flaster

plāksteris

zavoj

apsējs

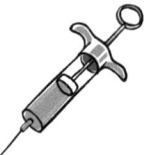

injekcija

injekcija

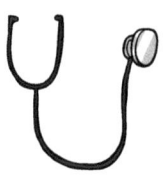

stetoskop

stetoskops

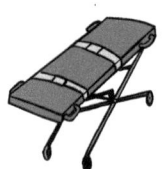

nosilo

nestuves

termometar

termometrs

porod

dzemdības

prekomjerna težina, debljina

liekais svars

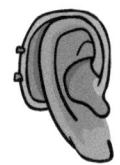

slušni aparat

dzirdes aparāts

sredstvo za dezinfekciju

dezinfekcijas līdzeklis

infekcija

infekcija

virus

vīruss

HIV/ AIDS

HIV / AIDS

medicina

zāles

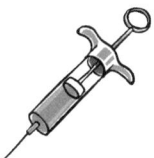

vakcinacija

pote

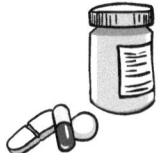

tablete

tabletes

pilula

pretapaugļošanās tablete

hitni poziv

ārkārtas izsaukums

aparat za mjerenje pritiska

asinsspiediena mērītājs

bolestan / zdrav

slims / vesels

Upomoć!

Palīgā!

alarm

trauksme

napad, prepad

uzbrukums

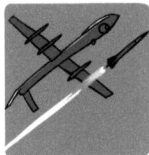

napad

uzbrukums

opasnost

bīstamība

izlaz u slučaju opasnosti

avārijas izeja

Požar!

Uguns!

vatrogasni aparat

ugunsdzēšamais aparāts

nezgoda

negadījums

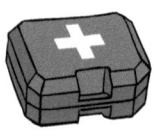

torba prve pomoći

pirmās palīdzības aptieciņa

SOS

SOS

policija

policija

Europa

Eiropa

Sjeverna Amerika

Ziemeļamerika

Južna Amerika

Dienvidamerika

Afrika

Āfrika

Azija

Āzija

Australija

Austrālija

Atlantik

Atlantijas okeāns

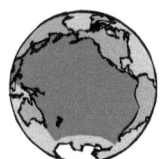

Pacifik

Klusais okeāns

Indijski okean

Indijas okeāns

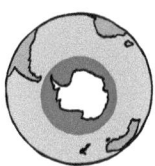

Antarktički okean

Dienvidu okeāns

Arktički okean

Ziemeļu ledus okeāns

Sjeverni pol

Ziemeļpols

Južni pol
Dienvidpols

Antarktik
Antarktika

Zemlja
zeme

zemlja
zeme

more
jūra

ostrvo
sala

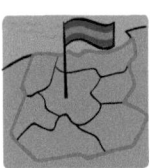

nacija
nācija

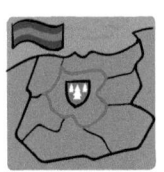

država
valsts

brojčanik sata

ciparnīca

kazaljka sata

stundu rādītājs

kazaljka minute

minūšu rādītājs

kazaljka sekunde

sekunžu rādītājs

Koliko je sati?

Cik ir pulkstenis?

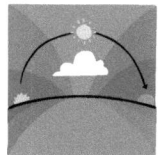

dan

diena

vrijeme

laiks

sada

tagad

digitalni sat

digitālais pulkstenis

minuta

minūte

sat

stunda

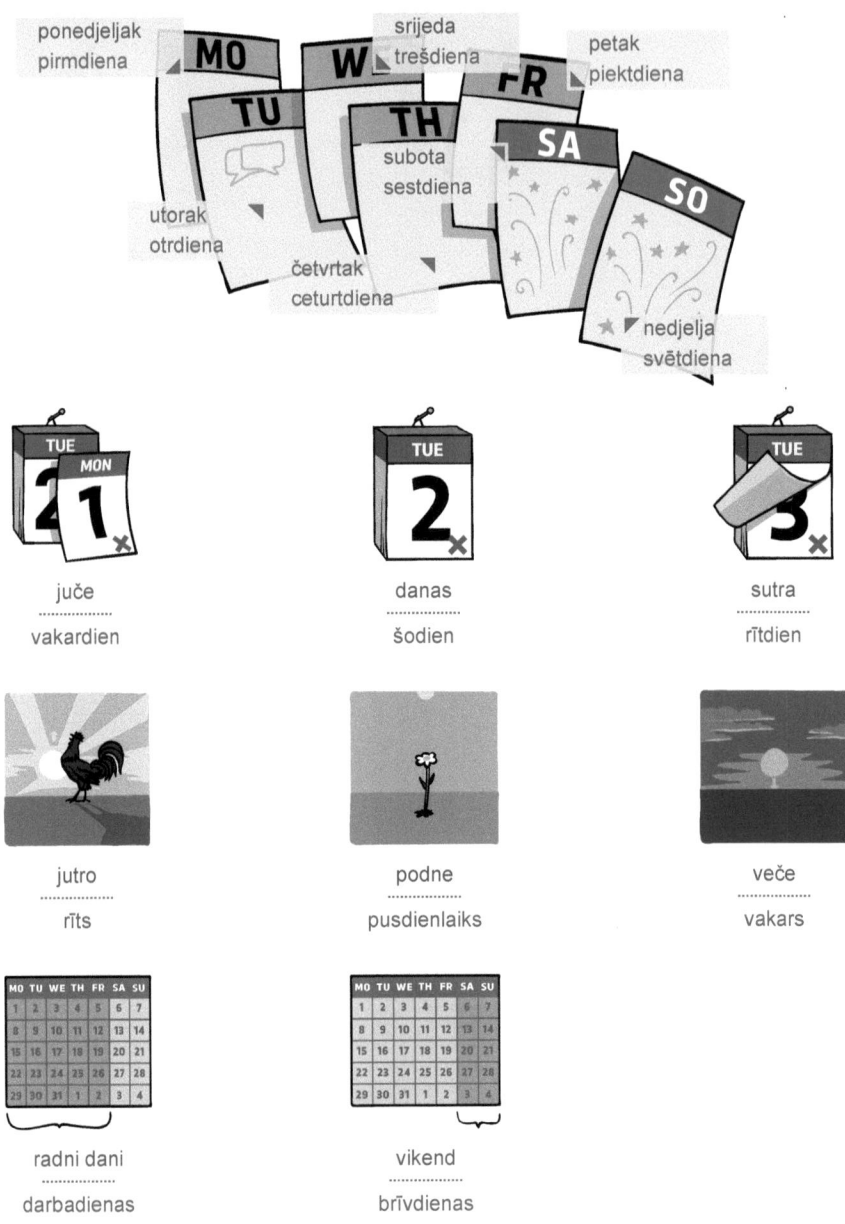

ponedjeljak
pirmdiena

MO

W srijeda
trešdiena

petak
piektdiena

TU

TH

FR

utorak
otrdiena

subota
sestdiena

SA

četvrtak
ceturtdiena

SO

nedjelja
svētdiena

juče
vakardien

danas
šodien

sutra
rītdien

jutro
rīts

podne
pusdienlaiks

veče
vakars

radni dani
darbadienas

vikend
brīvdienas

godina

gads

kiša
lietus
duga
varavīksne
vjetar
vējš
snijeg
sniegs
proljeće
pavasaris
ljeto
vasara
jesen
rudens
zima
ziema

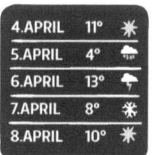

4.APRIL 11°
5.APRIL 4°
6.APRIL 13°
7.APRIL 8°
8.APRIL 10°

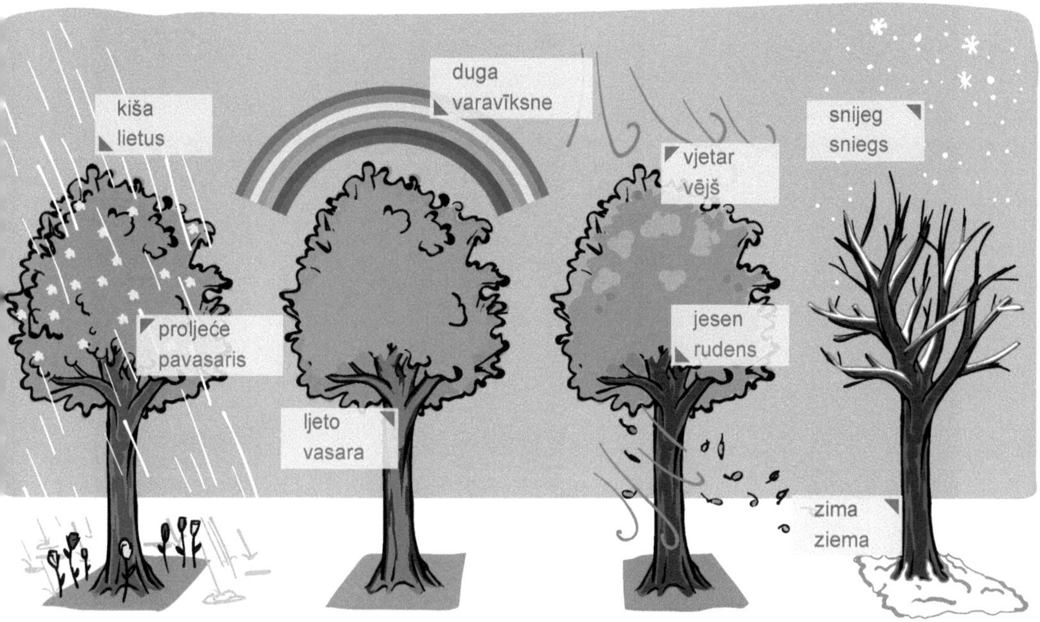

prognoza vremena

laika prognoze

F
C
120
90
60
30
0
-30
40
30
20
10
0
-10
-20

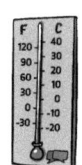

termometar

termometrs

sunčev sjaj

saules gaisma

oblak

mākonis

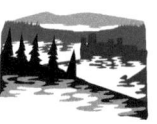

magla

migla

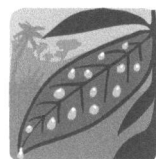

vlažnost vazduha

gaisa mitrums

munja

zibens

grom

pērkons

oluja

vētra

tuča, led

krusa

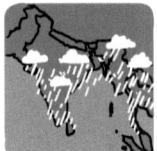

monsun

musons

poplava

plūdi

led

ledus

januar

janvāris

februar

februāris

mart

marts

april

aprīlis

maj

maijs

juni

jūnijs

juli

jūlijs

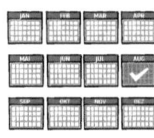

avgust

augusts

septembar
septembris

oktobar
oktobris

novembar
novembris

decembar
decembris

krug
aplis

kvadrat
kvadrāts

pravougao
četrstūris

trougao
trīsstūris

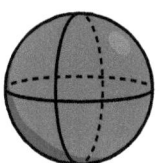

kugla
lode

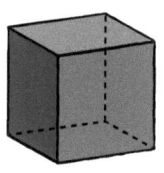

kocka
kubs

bjel

balts

žut

dzeltens

narandžast

oranžs

pink

sārts

crven

sarkans

ljubičast

lillā

plav

zils

zelen

zaļš

smeđ

brūns

siv

pelēks

crn

melns

malo / mnogo

daudz / maz

ljutit / miran

saniknots / miermīlīgs

lijep / ružan

skaists / neglīts

početak / kraj

sākums / beigas

veliki / mali

liels / mazs

svijetlo / tamno

gaišs / tumšs

brat / sestra

brālis / māsa

čist / prljav

tīrs / netīrs

potpun / nepotpun

pilnīgs / nepilnīgs

dan / noć

diena / nakts

mrtav / živ

miris / dzīvs

široko / usko

plats / šaurs

ukusno / neukusno

baudāms / nebaudāms

zao / prijatan

nikns / laipns

uzbuđen / dosadan

satraukts / garlaikots

debeo / mršav

resns / tievs

najprije / najkasnije

pirmais /pēdējais

prijatelj / neprijatelj

draugs / ienaidnieks

pun / prazan

pilns / tukšs

trvd / mekan

ciets / mīksts

težak / lagan

smags / viegls

glad / žeđ

izsalkums / slāpes

bolestan / zdrav

slims / vesels

ilegalan / legalan

nelegāls / legāls

inteligentan / glup

inteliģents / dumjš

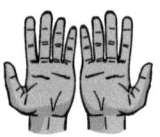

lijevo / desno

kreisais / labais

blizu / daleko

tuvu / tālu

nov / polovan

jauns / lietots

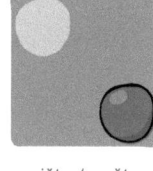

ništa / nešto

nekas / kaut kas

star / mlad

vecs / jauns

uključeno / isključeno

ieslēgts / izslēgts

otvoreno / zatvoreno

atvērts / slēgts

tiho / glasno

kluss / skaļš

bogat / siromašan

bagāts / nabags

tačno / pogrešno

pareizi / nepareizi

hrapav / glatak

raupjš / gluds

tužan / srećan

noskumis / laimīgs

kratak / dug

īss / garš

spor / brz

lēns / ātrs

mokro / suho

slapjš / sauss

toplo / hladno

silts / vēss

rat / mir

karš / miers

0	**1**	**2**
nula	jedan	dva
nulle	viens	divi

3	**4**	**5**
tri	četiri	pet
trīs	četri	pieci

6	**7**	**8**
šest	sedam	osam
seši	septiņi	astoņi

9	**10**	**11**
devet	deset	jedanaest
deviņi	desmit	vienpadsmit

12

dvanaest

divpadsmit

13

trinaest

trīspadsmit

14

četrnaest

četrpadsmit

15

petnaest

piecpadsmit

16

šesnaest

sešpadsmit

17

sedamnaest

septiņpadsmit

18

osamnaest

astoņpadsmit

19

devetnaest

deviņpadsmit

20

dvadeset

divdesmit

100

sto

simts

1.000

hiljada

tūkstotis

1.000.000

milion

miljons

engleski

angļu

američki engleski

amerikāņu angļu

kinesko mandarinski

ķīniešu mandarīnu valoda

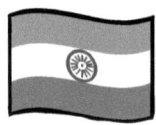

hindi

hindi

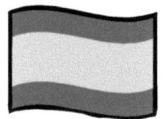

španski

spāņu

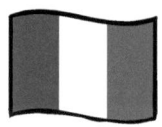

francuski

franč</u

arapski

arābu

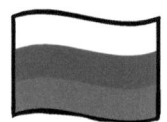

ruski

krievu

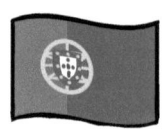

portugalski

portugāļu

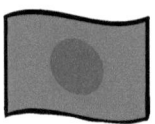

bengalski

bengāļu

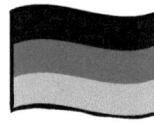

njemački

vācu

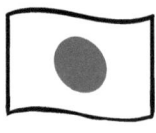

japanski

japāņu

ja
....
es

ti
....
tu

♂ ♀ ○

on / ona / ono
....
viņš / viņa

mi
....
mēs

vi
....
jūs

oni
....
viņi / viņas

ko?
....
kas?

šta?
....
ko?

kako?
....
kā?

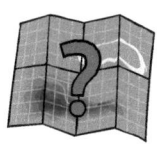

gdje?
....
kur?

kada?
....
kad?

ime
....
vārds

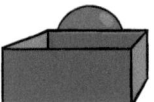

iza

aiz

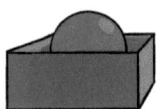

u

iekšā

pred

priekšā

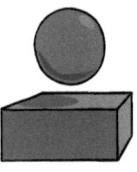

iznad

virs

na

uz

ispod

zem

pored

blakus

između

starp

mjesto

vieta